AUGUSTIN DEYDIER

L'ARMÉE

> Ce n'est pas un droit, c'est un devoir,
> étroite obligation de quiconque a une
> pensée, de la produire et mettre au jour
> pour le bien commun.
>
> P.-L. COURIER.

> Même je prie les lecteurs de n'ajouter
> point du tout foi à tout ce qu'ils trou-
> veront ici, mais seulement de l'examiner
> et de n'en recevoir que ce que la force
> et l'évidence de la raison les pourra
> contraindre de croire.
>
> DESCARTES.

DEUXIÈME ÉDITION

PARIS

NOUVELLE LIBRAIRIE PARISIENNE

ALBERT SAVINE, ÉDITEUR

12, Rue des Pyramides, 12

L'ARMÉE

AUGUSTIN DEYDIER

L'ARMÉE

> Ce n'est pas un droit, c'est un devoir, étroite obligation de quiconque a une pensée, de la produire et mettre au jour pour le bien commun.
>
> P.-L. COURIER.

> Même je prie les lecteurs de n'ajouter point du tout foi à tout ce qu'ils trouveront ici, mais seulement de l'examiner et de n'en recevoir que ce que la force et l'évidence de la raison les pourra contraindre de croire.
>
> DESCARTES.

PARIS
ALBERT SAVINE, ÉDITEUR
12, RUE DES PYRAMIDES, 12

1890

Tous droits réservés.

L'ARMÉE

PATRIOTISME

> Oui, pour la dignité et l'indépendance nationales, le dévouement au pays doit prévaloir sur l'amour même de la famille.
>
> GANDILLOT.

Le patriotisme triomphe : il fait accepter à la France entière des charges et des sacrifices accablants ; et, quand il parle, il impose une trêve à tous les partis qu'il attire irrésistiblement à lui.

Car chacun sait que la guerre, origine de tous les fléaux, plus terrible encore qu'autrefois avec des millions d'hommes armés d'engins de destruction inconnus jusqu'à ce jour, menace l'existence même de la patrie.

L'armée se prépare à sa tâche avec un dévouement qui inspire fierté et confiance; et, après les fatigues de la journée, à l'heure où le soldat repose, un grand nombre d'officiers allument leur lampe et se plongent dans un travail obstiné.

Le vieux soldat, dans sa retraite, admire ce spectacle; puis il s'inquiète et se prend à douter: Est-ce que tous ces efforts sont ordonnés, surveillés, dirigés, groupés pour assurer notre indépendance?

Stimulé par l'amour du pays et guidé par l'expérience et l'étude, il cherche les moyens de faire disparaître les imperfec-

tions dangereuses qui, selon lui, existent
encore dans l'organisation militaire.

Ses observations et ses idées sont
brièvement exposées dans cet opuscule.

RECRUTEMENT

> La guerre coûte plus que ses frais; elle coûte tout ce qu'elle empêche de gagner.
>
> JEAN-BAPTISTE SAY.

> Il faut voir dans notre mode de recrutement une expropriation en vue d'utilité publique... une juste indemnité doit être allouée par la nation même au soldat; une partie de cette indemnité lui est immédiatement remise, s'il la réclame, pour aider sa famille; le surplus en quittant le corps...
>
> GANDILLOT.

> Le droit est le souverain du monde.
>
> MIRABEAU.

> Un monde commence, un monde d'humanité et de justice.
>
> MICHELET.

Avant la Révolution, l'armée se compo-

sait de la noblesse, qui avait de grands
priviléges, et des soldats achetés par le
roi.

A la chute de la monarchie, la France,
que menaçait une coalition formidable,
créa la conscription qui fut généralement
bien accueillie.

Victorieuse, libre de ses destinées, elle
se laissa entraîner par un homme glo-
rieux à de longues guerres, qui firent
flotter nos drapeaux dans toutes les capi-
tales de l'Europe, mais qui amenèrent ensuite de terribles représailles.

Sans doute, si la France avait dû
acheter ses soldats, les guerres qui ont
coûté tant de sang et de larmes et laissé
de si funestes ferments parmi les nations,
n'auraient pas été possibles.

Et il est probable que nous n'aurions

pas à gémir aujourd'hui sur la mutilation de la patrie, et que nous ne verrions pas toutes les nations en armes prêtes à se ruer les unes sur les autres.

Les conséquences des iniquités sociales sont insondables.

INDEMNITÉ MILITAIRE

Riches et pauvres, nous sommes tous intéressés à étendre la classe des petits capitalistes.

ED. ABOUT.

Le soulagement des hommes qui souffrent est le devoir et l'affaire de tous.

TURGOT.

La race qui triomphe est tou- toujours celle où la famille et la

propriété sont le plus fortement
organisées.

E. RENAN.

Détruire la propriété, c'est, sous
un autre nom, détruire la société.

AIMÉ MARTIN.

L'inviolabilité de la propriété est la
base de l'organisation sociale.

La propriété la plus sacrée de l'homme,
c'est la propriété de son corps [1].

[1] M. Léon Say a développé, par une saisissante appli-
cation, les vues économiques que M. de Malarce a
suggérées dans sa conférence du 20 mars 1881 : à savoir que pour l'ouvrier chef de famille, pour l'ouvrier
en condition normale de père de famille, sa caisse de
retraite est dans ses enfants; ses meilleures épargnes,
il les place dans les soins d'instruction, d'éducation,
d'apprentissage de ses enfants, dont il fait ainsi de
fructueux travailleurs et de braves cœurs. La nation y
gagne; et, quant au père de famille, il retrouve un
jour dans cette caisse d'épargne vivante et fructifiante
ses sacrifices, ses épargnes, dans l'aisance de ses en-

Le jour où il tire au sort, comme le jour où il se présente devant le conseil de révision, le jeune homme se nourrit à ses frais et perd le fruit de son travail.

Et c'est à l'époque où il commence à rendre une partie de ce qu'il a coûté qu'i est appelé au drapeau.

Les parents ont fait des sacrifices pour élever leurs enfants qui, en retour, leur doivent assistance dans leurs maladies et leur vieillesse.

fants, empressés et aptes à le nourrir et, qui mieux est, à entourer sa vieillesse de soins affectueux inappréciables.

(Compte rendu du *Petit Journal* du 20 mai 1881.)

Est-ce que les intendants pourront dire longtemps encore, comme leur collègue légendaire : Les hommes ne coûtent rien, mais les chevaux coûtent cher ?

Si un homme meurt dans un accident de chemin de fer, sa famille reçoit une indemnité ; s'il meurt au service du pays, rien.

L'absence de leur fils les oblige à un surcroît de travail et de privations.

Enfin, à l'âge où les jeunes gens deviennent généralement chefs de famille, ils sont appelés comme réservistes ou territoriaux, et les plus pauvres voient, par ce fait, leurs faibles ressources diminuer ou disparaître dans quelques périodes d'instruction.

Il est vrai que, dans le cas d'une indigence bien prouvée, la commune donne une aumône à la famille.

Pour l'homme valide, servir personnellement son pays est un honneur et un devoir.

Les milliards que coûtent la préparation à la guerre et la guerre elle-même sont répartis inégalement : l'homme qui est au drapeau donne en sus son temps et, quelquefois sa vie.

Celui-ci, — on ne saurait trop le redire, — doit quitter sa famille qui vit le plus souvent de son travail.

C'est surtout chez les travailleurs des champs que cette situation s'aggrave.

En France, les paysans sont presque tous propriétaires : leurs patrimoines, plus ou moins importants, les attachent au sol.

Sobres, résignés, ils nourrissent le pays par un labeur incessant, et ne se couchent que pour mourir.

Ils s'expatrient rarement, et si pauvre que soit le champ paternel, ils ne demandent qu'à y vivre et à le transmettre intact à leurs enfants.

C'est le morcellement de la propriété

qui fait la force et la prospérité de la France [1].

La plupart de ces familles de travailleurs joignent difficilement les deux bouts.

Les bras que leur prend le service militaire venant à leur manquer, elles sont souvent obligées d'emprunter à quelque établissement de crédit qui, le moment venu, sera impitoyable.

Les capitalistes refusent généralement de leur venir en aide, dans la crainte de ne pas toucher régulièrement les intérêts de leurs créances.

Entre le prêteur et l'emprunteur surviennent les financiers rapaces, qui profi-

[1] Or, plus la glèbe est divisée, plus elle s'améliore et prospère. C'est ce que l'expérience a prouvé.

P.-L. COURIER.

tent de la misère publique pour faire des fortunes scandaleuses.

La vente judiciaire menace l'héritage paternel[1].

La société est ainsi attaquée dans sa base, et si des lois plus justes ne la protègent pas, elle s'effondrera fatalement dans un avenir plus ou moins éloigné : si légère que soit la fêlure d'un vase, à la longue, tout le liquide qu'il contient s'en échappe.

Si l'on persévère dans cette voie inique, le peuple, après quelques générations, sera revenu au servage.

Une partie du territoire, qui ne donne des fruits qu'à un labeur obstiné, devenue

[1] Il y a dans la possession directe de la terre des joies qui n'appartiennent pas aux autres formes de la propriété.

BAUDRILLART.

la propriété du riche, sera dépeuplée et
ne pourra plus nourrir que quelques troupeaux : les dernières familles de travailleurs dépouillées, réduites à la misère,
verront leurs enfants aller au loin chercher une nouvelle patrie [1].

La présence ou la mort d'un homme au
service donne droit à une indemnité.

Il faut que l'Europe sache bien réellement ce que coûte la guerre. Peut-être
alors s'arrêtera-t-elle sur la pente fatale

[1] Sans le peuple, nulle prospérité, nul développement,
nulle vie; car point de vie sans travail, et le travail est
partout la destinée du peuple. Qu'il disparût soudain,
que deviendrait la société? Elle disparaîtrait avec lui.
Il ne resterait que quelques rares individus dispersés
sur le sol, qu'alors il leur faudrait bien cultiver de leurs
mains. Pour vivre ils seraient immédiatement obligés de
se faire peuple.

LAMENNAIS.

qui l'entraîne à la ruine et à des calamités sans nom.

La première nation qui en répartira équitablement les charges souffrira moins de son armement, sera plus forte et donnera un grand exemple de justice.

BUT DE LA LOI

> La victoire est à celui qui a le dernier bataillon frais.
>
> NAPOLÉON.

La loi de 1832, faite pour un recrutement restreint, n'est plus d'aucune utilité.

Et c'est parce que le législateur ne l'a pas compris, que la loi du 15 juillet 1889 ne répond pas encore aux besoins de notre organisation militaire.

Le but de l'ancienne loi était de choisir, parmi les jeunes générations, les hommes les plus aptes à porter les armes, c'est-à-dire des hommes robustes et dont la situation de famille ne motivait pas l'exemption.

La loi nouvelle, au contraire, a pour but d'appeler tous les hommes susceptibles de concourir à la défense du pays.

Elle rend obligatoire le service militaire personnel pour tous les Français, à moins qu'ils ne soient absolument impropres à tout service.

Elle n'admet aucune dispense, si ce n'est une réduction du service actif et des sursis en faveur des jeunes gens dont les emplois publics ou les études pré-

sentent un caractère d'intérêt général dé-
terminé.

Elle ne devrait pas diminuer la durée
du service actif des anciennes catégo-
ries de dispensés, car ce serait au détri-
ment de l'armée, et même des familles
qu'elle voudrait favoriser : les soldats
insuffisamment exercés font peu de mal à
l'ennemi et s'exposent davantage à ses
coups.

Les jeunes gens exemptés pour fai-
blesse de constitution, sous l'ancienne
loi, devant désormais être appelés au
service, il est nécessaire de prendre des
mesures qui sauvegardent tout à la fois
les intérêts des familles, du pays et de
l'humanité.

Il est créé, à cet effet, dans chaque
corps d'armée des bataillons de santé.

BATAILLONS DE SANTÉ

Ces bataillons sont destinés à recevoir les jeunes gens dont la constitution a besoin de ménagements.

Un casernement sain, à proximité d'un hôpital militaire, dont les ressources peuvent être utilisées ;

Un cadre choisi assisté de médecins ;

Un ordinaire et un régime réconfortants ;

Et des exercices sagement réglés :

Tels sont les éléments qui semblent devoir atteindre le but visé : éprouver sans danger les jeunes gens reconnus faibles et les rendre progressivement assez

forts pour supporter les fatigues du service actif.

Les jeunes gens dont la santé exige les
mêmes soins sont incorporés dans la
même compagnie, ce qui permet, au besoin, de soumettre chaque compagnie du
bataillon à un régime et à des exercices
particuliers.

Un général et un médecin d'un grade
élevé sont chargés de la surveillance des
bataillons de santé du corps d'armée. Ils
s'attachent à prévenir et à apaiser les
conflits qui s'élèveraient entre les officiers
et les médecins.

Les jeunes gens qui, par la suite, sont
jugés aptes au service, et ceux dont l'état
ne fait pas prévoir une amélioration satisfaisante, sont présentés périodiquement
à la commission de révision.

Celle-ci prononce, d'après les instructions générales, leur incorporation dans l'armée active ou dans les services accessoires, leur maintien dans le bataillon de santé ou leur exemption définitive.

L'indemnité de présence n'est pas due aux familles des jeunes gens durant le temps qu'ils passent dans les bataillons de santé.

APPEL DES CLASSES

La vie militaire en temps de paix, avec ses exercices méthodiquement réglés et la sollicitude constante de l'autorité

à tous les degrés de la hiérarchie,
n'est pas dangereuse pour les jeunes
gens, et peut, au contraire, contribuer
à développer et améliorer leur constitution.

En outre, les plus faibles sont préalablement soumis à un stage dans les
bataillons de santé, où ils trouvent les
ménagements et les soins désirables.

Dans ces conditions il est avantageux,
au point de vue de l'intérêt général
comme des intérêts privés, d'appeler au
drapeau les jeunes gens ayant dix-huit
ans révolus.

Ces jeunes gens, qui ont grandi avec
l'idée de servir un jour leur pays, sont
sans doute bien disposés à recevoir le
joug salutaire de la discipline, l'éducation
et l'instruction militaires.

2

A cet âge le jeune homme a plus de souplesse, de docilité, de générosité, de dévouement qu'à vingt ans, où commencent les soucis personnels de la vie.

Généralement on attend d'avoir accompli le service militaire pour se livrer sérieusement au travail.

Avancer de deux ans cette époque, c'est ménager la fortune individuelle, et, par suite, la fortune publique.

L'armée y gagne une augmentation d'effectif considérable, qui nécessite un budget exceptionnel seulement pendant trois ans : une fois les deux nouvelles classes exercées, il ne resterait que trois classes au drapeau.

Mais y a-t-il des considérations budgétaires qui puissent faire négliger cette force, quand l'ennemi héréditaire apparaît, toujours menaçant, avec une armée de trois millions et demi de soldats?

CONSEIL DE RÉVISION

Les attributions principales du Conseil de révision sont d'apprécier les aptitudes des jeunes gens et de procéder, en conséquence, à leur classement dans les corps et les services de l'armée.

Un bon classement épargne des frais au Trésor et facilite l'instruction militaire.

Le Conseil, composé actuellement, comme en 1832, d'agents de l'autorité civile et d'un seul membre militaire, ne répond plus aux nécessités du temps, et il serait avantageux, ce semble, de le composer ainsi :

Un général président, trois officiers supérieurs représentant l'infanterie, l'artillerie et la cavalerie, et un médecin militaire représentant les services accessoires.

Les personnes ci-après désignées éclairent le Conseil et ont voix consultative :

Le commandant du recrutement, qui a le devoir de faire des observations dans l'intérêt de la loi ; un médecin, le préfet, ou son délégué, et les maires du canton.

Les jeunes gens de la classe appelée sont convoqués par l'autorité civile, en temps convenable, au moyen d'ordres individuels, qui portent, en caractères bien apparents, l'obligation, hors le cas de force majeure, de se présenter devant le

Conseil, et les peines que les jeunes gens encourent s'ils se dérobent à cette prescription.

Il est possible de faire simultanément les opérations du tirage au sort et de la révision.

Chaque homme appelé tire son numéro. Il est ensuite examiné et classé suivant ses aptitudes.

Celui qui ne peut être d'aucune utilité et dont l'état ne paraît pas susceptible d'amélioration est seul déclaré exempt.

Celui qui est trop faible, même pour être incorporé dans un bataillon de santé, est classé provisoirement dans les services auxiliaires. Il est ensuite, chaque année, convoqué de nouveau devant le Conseil jusqu'à l'âge de vingt-cinq ans révolus, s'il y a lieu.

2.

Il doit être convaincu que, même par des manœuvres et un régime débilitants, il ne peut se soustraire à ses obligations militaires.

Donc, à moins d'infirmités incurables et incompatibles avec les services de l'armée, un homme n'est exempté ou classé définitivement dans les services auxiliaires qu'après vingt-cinq ans révolus.

Les services auxiliaires sont divisés en deux parties : la première comprend les hommes qui y sont définitivement admis; et la seconde, ceux qui n'y figurent que provisoirement.

Les hommes de cette seconde partie, reconnus bons par la suite, marchent avec leur classe; mais si leur classe est dans la réserve, ils doivent préalablement accomplir au moins six mois de service actif.

MISE EN ROUTE

Le bureau de recrutement fait remettre, par l'intermédiaire de la gendarmerie, des ordres de route individuels aux jeunes soldats de la classe appelée.

Ces ordres les dirigent sur les corps ou services auxquels ils sont affectés.

Seuls, les jeunes gens qui ne se sont pas présentés devant le Conseil de révision sont convoqués au bureau du recrutement.

Ils sont examinés par la commission de révision, qui procède comme le Conseil et les classe d'après leurs aptitudes.

Ceux qui sont reconnus bons pour le

service actif sont dirigés sur leurs corps ou services, et privés de l'indemnité de présence pendant un mois au moins, si les motifs qui les ont empêchés de se présenter devant le Conseil de révision ne les excusent pas.

Ceux qui ne sont pas bons pour le service actif sont renvoyés dans leurs foyers et déférés aux tribunaux de simple police, qui les condamne, s'il y a lieu, à une amende.

COMMISSION DE RÉVISION

Une commission de révision est instituée dans chaque subdivision de recrutement.

Elle est composée d'un officier général ou supérieur, président, de trois officiers représentant l'infanterie, l'artillerie et la cavalerie, et du commandant du recrutement représentant les services accessoires.

Les hommes reconnus impropres à l'arme ou aux services auxquels ils étaient affectés lui sont présentés.

Cette commission, éclairée par des médecins militaires, les examine, leur donne une nouvelle affectation ou les réforme.

La réforme prononcée pour blessures ou infirmités contractées au service engageant le Trésor doit être justifiée par des pièces. La commission les adresse à l'autorité militaire, qui les fait parvenir au conseil d'État.

CONCLUSION

Le Parlement qui fait ou modifie la loi, les autorités qui l'appliquent et les hommes directement intéressés doivent être pénétrés de cette vérité : Tout acte tendant à soustraire un citoyen valide à ses obligations militaires est un crime de lèse-patrie.

L'INSTITUTEUR

Adoucir au village le sort des petits enfants, c'est commencer la régénération des hommes.

AIMÉ MARTIN.

En vérité, on ne rend les hommes bons qu'en rendant les enfants heureux.

BERNARDIN DE SAINT-PIERRE.

L'instruction sans morale pourrait n'être qu'un réveil de nouveaux besoins, plus dangereux que l'ignorance même.

L. CARNOT.

C'est surtout à cause de l'âme qu'il faut exercer le corps.

J.-J. ROUSSEAU.

> Ce n'est pas avec les jambes que l'on marche, c'est avec la poitrine ! Du jarret, c'est bien, mais des poumons, c'est mieux.
>
> Dr PITFERGE.

> Toute la félicité de l'homme consiste dans l'estime des autres hommes.
>
> PASCAL.

> L'homme est né pour le travail ; l'oisif volontaire est un être dégradé.
>
> L. CARNOT.

L'instituteur n'est pas seulement chargé d'initier l'enfant à des notions plus ou moins étendues de la science ; il a la mission de développer son intelligence et de semer dans son esprit et dans son cœur des pensées salutaires, qui feront de lui un homme prêt à accomplir tous les devoirs de la vie.

Le temps que l'instituteur passe au drapeau lui donne plus d'autorité, et lui fait mieux comprendre que de vagues théories les qualités à cultiver chez l'enfant qui, un jour, sera appelé à défendre sa patrie.

Il prépare ses élèves aux fatigues militaires, principalement par des marches progressives favorables à leur santé. Il les réunit parfois autour de lui, dans les repos, et il leur explique l'armée et ses principes de discipline, de dévouement, de sacrifice et d'honneur qui font sa force et sa gloire.

LES

MINISTRES DES CULTES

> Oh! qu'elle est généreuse, cette
> religion, qui d'un sacrifice nous
> fait une espérance... qui nous dit :
> Souffrir, c'est mériter !
>
> Mme ÉMILE DE GIRARDIN.

La vie matérielle, avec ses exigences toujours grandissantes, n'absorbe pas l'homme tout entier.

Ils sont rares ceux qui croient, comme Frédéric le Grand, qu'ils rendent leur souffle de vie à la nature et leur corps aux éléments, et que tout est fini.

La croyance générale est que la mort

ouvre à l'âme de grandes et mystérieuses destinées.

C'est surtout dans les calamités publiques, quand l'existence est menacée, que l'homme se rattache aux croyances de son enfance.

Le ministre de la guerre accorde chaque année, à l'occasion des fêtes de Pâques, des congés aux catholiques, aux protestants et aux juifs.

Ces hommes, ainsi que leurs familles, ne sont-ils pas fondés à croire que, s'ils tombent pour la patrie, les secours de 'âme, comme les secours du corps, leur seront assurés?

Les ministres des cultes peuvent remplir cette double tâche : leur place est au chevet des malades et des mourants.

Cette question s'impose au législateur

matérialiste même, car elle touche au moral de l'armée.

Incorporer en temps de paix les ministres des cultes dans les troupes combattantes, et les appeler dans le corps de santé durant la guerre, ce serait faire œuvre passionnée et mauvaise : ils doivent, comme tous les Français valides, s'exercer au rôle qu'ils auront à remplir en campagne.

En même temps, ils pourraient suivre un cours d'hygiène pratique : destinés, pour la plupart, à desservir des localités dépourvues de médecins, ils donneraient les soins les plus urgents aux malades, s'attacheraient, par leurs conseils, à prévenir ou à restreindre les épidémies, et contribueraient ainsi au maintien de la santé publique.

DIRECTION GÉNÉRALE

DE L'ARMÉE

> La force armée ne délibère pas ;
> elle obéit aux lois, elle les fait res-
> pecter.
>> L. CARNOT.

> Les bévues des ministres coûtent
> cher, il est vrai, mais non pas aux
> ministres.
>> P.-L. COURIER.

L'armée est une force mise à la disposition du gouvernement pour assurer l'exécution des lois.

Le législateur a voulu la maintenir constamment hors des atteintes des partis.

Aussitôt qu'un homme est au drapeau, il cesse de participer à la vie publique : ses opinions personnelles s'effacent devant le devoir militaire.

Nul ne peut se soustraire à ces principes essentiels, et les chefs, surtout les plus élevés dans la hiérarchie, doivent en toute circonstance l'exemple de la soumission la plus absolue.

Il n'a été fait qu'une exception.

Qui donc est mis au-dessus des principes sans lesquels l'armée serait à chaque instant troublée et chancelante ?

C'est le chef suprême de l'armée, le ministre de la guerre, mêlé à tous les tiraillements des partis. Il délibère et il exécute !

Choisi avant tout pour ses opinions

politiques, le pouvoir dont il dispose met le pays en danger.

Entraîné dans tous les changements de gouvernement, préoccupé de questions étrangères à son ministère, et sentant à chaque instant que son autorité éphémère lui échappe, — fût-il un homme de génie, — il lui est difficile de mener à bien les modifications nécessitées par les fréquentes découvertes de la science.

Dans ces conditions, il n'est pas étonnant que les ministres des vingt dernières années, chargés d'organiser les forces nationales, n'aient pas accompli pleinement leur mission.

Le pays doit exiger que ses mandataires fassent disparaître cet état de choses, qui paralyse le perfectionnement de notre outillage militaire.

3.

Un directeur général de l'armée remplace le ministre de la guerre.

Il est nommé à ces hautes fonctions uniquement pour ses talents militaires; et, comme le soldat, il demeure étranger à toute question politique.

Il lui est adjoint deux sous-directeurs qui l'aident dans son œuvre, que ne troublent pas les changements de ministère.

Ils sont appelés, le cas échéant, à lui succéder.

Ainsi, la direction a des chances de durée, n'est renouvelée que partiellement et suit toujours, au moins dans ses grandes lignes, le plan des réformes reconnues utiles.

La direction générale a voix facultative dans les conseils du gouvernement, doit des comptes et des explications aux

Chambres, et prépare les modifications aux règlements et aux lois qu'elle juge nécessaires.

INSTRUCTION DES OFFICIERS

> .... Un esprit qui embrasse trop de choses n'a de supériorité dans aucune.
>
> F. SOULIÉ.

Ils ne suffit pas d'avoir de bons règlements, il faut qu'ils soient bien appliqués.

L'officier doit connaître à fond ses fonctions, ainsi que celles du grade supérieur.

Exiger des connaissances qui n'intéressent pas directement son service, c'est l'exposer, sans utilité, à lui faire négliger la pratique de ses devoirs qui, à la longue, lui paraîtrait peut-être trop au-dessous de son savoir et de son intelligence.

Il suffit qu'il aime et connaisse parfaitement son métier. Il n'a rien à gagner à des études accessoires qui lui seraient imposées. Mais il est bon de lui faciliter les études et les travaux auxquels son esprit le porte naturellement.

L'homme le plus heureusement doué, s'il veut trop étendre ses connaissances, restera toujours dans la médiocrité ; et s'il concentre son intelligence sur une spécialité, il arrivera sûrement à y exceller.

Cette méthode donne des résultats merveilleux dans l'industrie et la science.

Les officiers, en un mot, sont tenus ab-

solument à la pratique, aussi complète
que possible, de leurs devoirs profession-
nels. Le règlement n'exige rien de plus.
Mais il engage les officiers à consacrer
leurs loisirs à une spécialité suivant leur
goût et leurs aptitudes. Le tableau d'avancement encourage leurs efforts.

Les colonels et les généraux dirigent les
services et les opérations militaires. Ils
s'appliquent, afin de faciliter leur tâche
parfois difficile, à étudier, à stimuler et
surtout à utiliser les connaissances spéciales des officiers sous leurs ordres.

Ils sont comme les compositeurs de
musique qui ne savent pas jouer de tous
les instruments de l'orchestre, mais qui,
en connaissant les effets et les combinai-
sons multiples, produisent des œuvres
admirables.

COMITÉS CONSULTATIFS

> Chaque découverte de la science
> ou de l'industrie y est immédiate-
> ment étudiée au point de vue de
> ses applications militaires.
>
> *(Bulletin de la Réunion des
> officiers en 1873.)*

La direction générale choisit parmi les spécialistes le personnel qui lui est nécessaire pour assurer, à tous les points de vue, les progrès de l'armée.

C'est avec des spécialistes qu'elle forme les comités chargés de l'éclairer.

Ces comités offrent des garanties sérieuses, et cependant elle ne s'en rapporte pas entièrement à eux.

Elle fait examiner simultanément, par quelques-uns des corps ou services intéressés, les propositions qui lui paraissent utiles.

Les corps ou services désignés forment, à cet effet, des commissions composées d'officiers choisis parmi les spécialistes dont ils disposent.

Toute correspondance est interdite entre les comités et les commissions relativement aux questions posées.

Les résultats de leur examen sont consignés dans des rapports clairs et concis.

Les officiers ayant pris part aux délibérations sont portés nominativement sur ces rapports, en distiguant ceux qui ont voté pour de ceux qui ont voté contre les propositions.

Chacun de ces officiers expose brièvement son appréciation dans un rapport particulier, destiné à son dossier, et adressé avec le rapport général.

Ces études contradictoires éclairent la direction générale sur la valeur probable des propositions, en même temps qu'elles fournissent des éléments qui permettent de stimuler et d'apprécier les capacités des officiers consultés.

Il est à remarquer que les comités tels qu'ils fonctionnent aujourd'hui ont souvent montré leur insuffisance.

RECRUTEMENT RÉGIONAL

Le recrutement régional présente au premier abord, comme toutes les choses humaines, des avantages et des inconvénients.

Les uns disent qu'avec le caractère français, le voisinage des familles serait préjudiciable à la discipline.

D'autres, au contraire, croient que l'espoir d'obtenir quelques permissions, pour aller se retremper au foyer paternel, stimulerait le zèle des jeunes gens.

Qui a raison? C'est à la pratique de répondre.

La direction générale désigne plusieurs subdivisions pour expérimenter le recrutement régional.

Elle charge les commandants de corps d'armée d'envoyer dans une autre région les hommes qui, par suite du voisinage de leurs familles, auraient subi des punitions graves.

La comparaison des punitions infligées et la liste des hommes déplacés pour inconduite permettraient d'apprécier assez exactement le recrutement régional.

Il est bon que les hommes de chaque région se connaissent ; qu'ils sachent que leur conduite au drapeau les accompagnera dans la vie civile ; que toute défaillance, au jour des grandes épreuves, sera divulguée, et qu'ils aient à cœur, en un mot, la gloire de leur région, qui doit remplacer l'esprit de corps disparu dans l'organisation nouvelle.

RECRUTEMENT DES OFFICIERS

Le service obligatoire mêle, pour la défense de la patrie, toutes les classes de la société dans une vie commune d'abnégation et de sacrifices.

Sur le terrain d'exercices, comme dans la caserne, il n'y a que des Français.

Lentement, inconsciemment pour ainsi dire, le jeune homme qui embrasse la carrière militaire apprend à connaître les idées, les penchants, les qualités, les défauts, l'esprit, le cœur, en un mot, le moral du soldat qui, dirigé par des chefs habiles, est un puissant élément de succès dans les batailles.

Eh bien, les hommes qui, pour la plupart, occupent ou occuperont un jour les grades les plus importants de l'armée, sont les seuls Français ne vivant pas de la vie intime du soldat et ne le connaissant qu'imparfaitement.

Les jeunes gens destinés à l'état militaire doivent donc, comme tous les Français, servir dans les troupes actives avant d'être admis dans une école spéciale.

Le temps passé au drapeau les préparera à recevoir avec fruit l'éducation et l'instruction militaires, et leur facilitera pendant toute leur carrière l'accomplissement de leurs devoirs.

EN CAMPAGNE

> Tout le monde veut s'instruire, tout le monde veut travailler. L'intelligence et la science étant devenues la noblesse, tout le monde y aspire.
>
> AIMÉ MARTIN.

L'ancienne loi comblait les vides des cadres d'une façon satisfaisante, même dans les guerres les plus prolongées et les plus meurtrières, avec des officiers tirés de la troupe.

Les soldats avaient confiance en ces officiers sortis de leurs rangs, qui ne savaient pas toujours l'orthographe, mais qui connaissaient à fond la pratique du métier.

Il ne faut pas oublier que les divers rouages de la grande machine militaire doivent, avant tout, être simples et fonctionner facilement.

Les exercices de la place d'armes, les parades, le service intérieur, la tenue des troupes, tout se simplifie afin d'appliquer les efforts et l'intelligence de tous à la préparation de la guerre.

Ainsi, l'armée n'a qu'un but : la guerre.

Avec les grands effectifs, le temps de service restreint et le nouvel armement, le législateur a compris la nécessité d'avoir des officiers instruits ; aussi a-t-il voulu que nul ne soit nommé sous-lieutenant, s'il n'a suivi avec fruit les cours d'une école spéciale.

En temps de paix, les cadres sont ainsi

maintenus au complet dans de bonnes conditions.

Mais en campagne, alors que les maladies et les combats font tant de ravages, l'autorité militaire est bien forcée, pour combler les vides, de puiser dans les cadres inférieurs.

Si la guerre se prolonge, des sous-officiers déclarés incapables de devenir officiers s'élèvent, par la force des choses, à des grades auxquels ils ne sont nullement préparés, et aux moments où les difficultés grandissent et se multiplient : ils doutent d'eux-mêmes et n'inspirent pas de confiance aux soldats.

Ainsi, dans cette importante question des cadres, le législateur, qui, justement, a voulu tout combiner pour la guerre, s'égare, manque le but à l'époque su-

prême où s'agitent les destinées de la
patrie.

Pour stimuler les jeunes gens et habi-
tuer la troupe à leur autorité, la loi leur
réserve en temps de paix des emplois
d'officier, au moins jusqu'au grade de capitaine.

Elle prend des dispositions pour que
toute promotion soit pleinement justifiée :
des notes trimestrielles sont données aux
candidats par leurs chefs hiérarchiques,
lesquelles sont contrôlées par les chefs de
corps et de brigade, et inopinément par
des inspecteurs que désigne, à cet effet,
la Direction générale.

Pour bien commander une compagnie,
un chef n'a pas besoin d'une instruction
et d'une intelligence supérieures.

N'étant sollicité ni par l'ambition des grades élevés, ni par des préoccupations scientifiques étrangères à son service, l'officier sorti des rangs de la troupe se vouera tout entier à son commandement.

L'autorité verra si, dans ces fonctions restreintes mais importantes, l'officier qui a fait de hautes études est réellement plus habile que son camarade dont l'instruction ne lui permet pas de prétendre à un grand avenir.

L'autorité prévient les froissements entre les officiers d'origines diverses, provoque avec tact une courtoise émulation, et leur fait comprendre que la pratique et la science sont également nécessaires au bien du service.

Le chef de corps prépare en temps de

paix un nombreux personnel capable de combler les vides que fait la guerre dans les cadres des sous-officiers et des officiers de compagnie.

GÉNÉRAUX ET OFFICIERS SUPÉRIEURS
HORS DE COMBAT

> ... La supériorité de la tactique
> et le sang-froid du commandement
> font les vainqueurs et les vaincus.
>
> NAPOLÉON.

Mais le législateur et l'autorité militaire n'ont pas seulement fermé les yeux sur cette grave question du renouvellement des cadres inférieurs, ils ne se sont nullement préoccupés de pourvoir au remplacement des chefs des diverses subdivisions de l'armée mis hors de combat.

Ils ont compté sans doute sur le règlement qui, dans ce cas, donne le commandement au plus élevé en grade ou au plus ancien.

Avec l'armement à courte portée, les armées se voyaient, s'approchaient, en venaient aux mains ; l'officier payait de sa personne et donnait l'exemple à sa troupe ; et le général lui-même s'élançait quelquefois à la tête de ses colonnes.

Dans chaque armée, il n'était pas difficile de suivre les péripéties de la bataille, et le grand capitaine pouvait dire à ses régiments de réserve : « Votre immobilité combat ! »

Un officier tombait ; le plus élevé en grade après lui, ou le plus ancien, le remplaçait, et l'action suivait son cours.

Mais aujourd'hui les armes à longue portée et à tir rapide ont profondément modifié la situation.

Le combat s'engage avec un ennemi à peine visible; le simple capitaine, au lieu de tirer l'épée, prend sa lorgnette et dirige sa troupe.

L'armée a son objectif, qui lui est donné par le généralissime, et chacune de ses subdivisions a son rôle mathématique tracé à l'avance.

L'erreur d'un chef peut avoir des conséquences funestes et irréparables.

Si un commandant d'armée est mis hors de combat, il est remplacé par le plus ancien commandant de corps d'armée; celui-ci, par le plus ancien général de division, et ainsi de suite. Chacun de ces officiers abandonne son commandement pour aller prendre, souvent dans les moments les plus critiques, un commandement inconnu.

La responsabilité passant de main en main s'affaiblit, et la direction est en partie livrée au hasard.

Depuis le commandant de bataillon jusqu'au généralissime, chaque chef doit avoir un lieutenant qui le suit partout et le supplée au besoin.

En outre, les divers états-majors, au moyen d'un personnel particulier à leur suite, pourvoient au remplacement des chefs mis hors de combat, de façon à constamment doubler, autant que possible, les officiers supérieurs et les officiers généraux dans leur commandement.

4.

Il est indispensable d'assurer l'exécution des plans et de fixer les responsabi-
lités, surtout aux heures fatales qui chan-
gent la face des empires.

RÈGLEMENTS

ET INSTRUCTIONS

> Mais que m'importent vos exer-
> cices et vos parades, qu'ont-ils de
> commun avec la guerre ?
>
> GOUVION SAINT-CYR.

Les règlements et les instructions doivent être clairs, concis et réduits au strict nécessaire : le soldat passe peu de temps au drapeau, et les manœuvres en terrains variés constituent pour l'officier de troupe un champ d'occupations assez vaste.

Mais, si succincts qu'ils soient, il est

bon d'en dégager les principes essentiels et de les formuler en quelques pages apprises littéralement et fréquemment répétées ; car, on l'a vu malheureusement, les plus utiles prescriptions finissent par être oubliées ou négligées.

QUELQUES EXEMPLES

Faites aimer le service et prévenez les punitions : le chef qui punit souvent commande mal.

Si, de temps à autre, ces prescriptions, qui émanent des généraux les plus expérimentés, avaient été rappelées à l'esprit de chacun, le service aurait été plus doux et mieux assuré [1].

[1] Un capitaine souffrant n'avait jamais assez de place sur la situation journalière de sa compagnie pour y ins-

Il n'est pas étonnant que des hommes,
poussés par leur instinct et leurs pas-
sions, abusent parfois de leur autorité.

Mais on est surpris de voir que le chef

crire les punitions qu'il infligeait. Un jour, la balle qui
le torturait est extraite ; il est guéri : plus de punitions ;
le tigre est changé en agneau.

Deux adjudants faisaient souvent un pari intéressé : le
gagnant était celui qui infligeait le plus de punitions dans
sa semaine. Ils obtinrent, l'un et l'autre, de l'avancement
aux dépens de leurs collègues moins zélés.

Un officier instruit, à l'intelligence faussée, au caractère méchant, se fit tortionnaire durant les longues années
où ses grades subalternes le mirent en contact direct
avec la troupe, et on le vit infliger plus de quatre cents
jours de punitions, dans une seule année, à un sous-
officier irréprochable jusqu'au jour où il était passé sous
ses ordres.

Maintes fois les contrariétés personnelles d'un gradé
retombaient sur ses inférieurs. Et l'on sait que, dans les
régiments, il existait des ambitieux de tous grades qui
recherchaient et faisaient naître les occasions de punir,
afin de se faire valoir auprès de leurs supérieurs.

de corps, « appui et recours de tous »,
les laisse faire, et que les généraux tolèrent un état de choses contraire au bien
du service et au règlement.

La discipline militaire, a-t-on dit, doit
être rigoureuse, surtout chez les peuples
libres, mais seulement dans les manquements graves.

Le devoir de l'autorité supérieure est
de veiller à ce que ceux qui portent l'habit du soldat soient traités avec considération, et que la répression soit toujours
calme, juste et mesurée.

Tout le secret de la guerre est dans les jambes.

Un général qui se laisse surprendre est déshonoré.

La meilleure troupe qui reçoit des feux de front et de
flancs ne tient pas.

Une armée battue se rallie sous le canon d'une place,
s'y ravitaille et n'y demeure jamais plus de quarante-
huit heures.

Les armées ne s'improvisent pas.

. . . .

Si les officiers de tous grades avaient souvent répété ces principes, est-ce que nous aurions été témoins des journées désastreuses qui pèsent si cruellement sur nous et qui tachent à jamais notre histoire ?

ÉDUCATION DU SOLDAT[1]

> A la patrie donc tout ce que vous
> êtes et tout ce que vous avez: votre
> cœur, vos bras, vos veilles, et vos
> biens, et votre vie.
>
> LAMENNAIS.

La famille, la cité, la patrie appellent tous les hommes valides à l'honneur et au devoir de les défendre.

Une rare exception, flétrie par la justice, en est seule déclarée indigne.

Les hommes divisés sont faibles; réu-

[1] Ce qui figure sous ce titre est destiné, dans la pensée de l'auteur, au livret individuel du soldat.

nis et exercés pour une action commune, ils deviennent invincibles.

Sans la discipline, la troupe la plus héroïque n'est qu'une foule impuissante, vouée fatalement à la destruction.

Les uns commandent et les autres obéissent ; mais, malgré les inégalités de la hiérarchie, on sent qu'il n'y a que des Français sous les drapeaux de la patrie, prêts à supporter pour elle toutes les misères de la guerre : les intempéries, la faim, la soif, les fatigues accablantes et le feu des combats.

Les soldats sont soumis et dévoués aux cadres qui les exercent patiemment en temps de paix, et les dirigent à la guerre.

N'échappant jamais à leurs chefs immédiats, ils doivent avoir un courage froid, discipliné, persévérant.

Ils savent qu'en leur absence le pain de leur famille est assuré; que, s'ils tombent, le service de santé leur donnera promptement les secours nécessaires; qu'ils doivent éloigner de leur esprit les pensées qui pourraient paralyser leur énergie dans des épreuves inévitables, et que le chemin de l'honneur est aussi le chemin de la vie.

Ils ne répètent jamais les commandements.

Un ennemi désarmé, blessé ou prisonnier, est toujours traité avec humanité.

Une blessure grave peut seule les autoriser à abandonner leur sac.

La prévôté veille sans relâche et arrête tout homme éloigné du corps dont il fait partie.

Autrefois, les soldats étaient fiers des

hauts faits de leur régiment; maintenant, ils doivent avoir à cœur de donner une réputation glorieuse à leur région.

Si leur dévouement reste obscur, car à la guerre l'occasion de se distinguer est rare; s'ils n'obtiennent pas quelque brillante récompense, ils sont heureux d'emporter dans leurs foyers l'estime de ceux qui les connaissent et la joie austère du devoir accompli.

INSTRUCTION

DU SOLDAT

Il faut aimer pour être aimé.

Hoche.

La valeur militaire s'apprend par l'exercice, comme les autres vertus.

Bernardin de Saint-Pierre.

Par des lois rigoureuses, le pays veille à ce qu'aucun homme valide ne soit soustrait au service militaire.

Il s'impose, pour sa défense, les plus pénibles sacrifices, qui seraient en partie perdus si, pendant leur séjour au drapeau, les jeunes soldats ne recevaient pas une instruction suffisante.

Il faut donc absolument que la première année de service, au moins, soit entièrement consacrée à leur instruction.

Malheureusement, divers emplois éloignent des manœuvres un grand nombre d'hommes.

Ces emplois ne doivent être donnés qu'à des soldats instruits, qui sont, de temps à autre, réunis et exercés sous les yeux du chef de corps. Ceux dont l'instruction laisse à désirer sont remplacés dans leurs emplois et rentrent dans le rang.

Les généraux tiennent la main à ce que ces prescriptions soient ponctuellement exécutées.

Les troupes devant tour à tour défendre ou attaquer une position, elles y sont patiemment exercées en terrains variés.

La défense d'une position, avec ses obstacles naturels, complétés par des travaux improvisés, n'est pas difficile pour une troupe exercée, bien commandée et soutenue par des réserves.

Régler le tir et utiliser les bons tireurs tant que l'éloignement de l'ennemi leur laisse assez de sang-froid ; assurer le remplacement des munitions et inspirer aux hommes une entière confiance en leurs armes pour repousser victorieusement les suprêmes efforts de l'attaque : telles sont les préoccupations des cadres.

L'armement actuel, dont l'avenir augmentera peut-être encore la puissance, fait de l'attaque le plus difficile des problèmes de la guerre. Les troupes doivent y être minutieusement familiarisées. L'artillerie la prépare et la soutient; l'infanterie l'achève. Que celle-ci y soit exercée jusqu'à ce qu'elle agisse pour ainsi dire instinctivement : elle n'est véritablement instruite que lorsque elle sait mettre à profit le terrain, l'outil du pionnier et le fusil, et sortir des abris successifs sans hésitation, à l'ordre du chef toujours obéi.

TENUE DE CAMPAGNE

> Il est cinq choses qu'il ne faut jamais séparer du soldat : son fusil, ses cartouches, son sac, ses vivres et un outil de pionnier.
>
> NAPOLÉON.

> L'homme doit être vêtu de laine contre le chaud, contre le froid, et surtout contre les sautes de température.
>
> ED. ABOUT.

L'armée est une machine complexe qui exige des soins constants et dont aucun détail ne doit être négligé.

LA MARCHE

Les qualités les plus remarquables du soldat ne serviraient de rien s'il ne pouvait arriver valide, au moment voulu, à son poste de combat.

Il ne suffit pas qu'il soit pourvu d'une bonne paire de chaussures pour la route, il faut encore qu'il ait une chaussure de repos souple et légère, qui le soulage dans le cantonnement, dans les dernières heures d'une journée de marche exceptionnelle fatigante, et en cas de blessure.

Dès leur incorporation, des exercices méthodiquement réglés habituent progressivement les jeunes soldats à la marche.

S'ils y sont reconnus inaptes après quelques mois d'épreuves, le chef de corps les présente à la commission de révision, qui les examine et leur donne une destination nouvelle, comme il a été expliqué.

HABILLEMENT

L'habillement est confectionné principalement pour les troupes en campagne, qui sont exposées de jour et de nuit à toutes les intempéries.

La capote actuellement en usage dans

presque toutes les armées étrangères, et que nos vieux soldats se souviennent encore d'avoir portée, offre, avec son collet et ses parements à revers, des avantages sur la nôtre qui laisse le cou et les mains exposés au froid et à la pluie.

La veste ne garantit que le haut du corps, et pourrait être remplacée par un veston en tricot de laine, d'une tournure et d'une couleur convenablement choisies, portant les attributs et les boutons réglementaires.

Souple, léger, chaud, descendant et croisant sur le ventre, il serait très bon dans les cantonnements et surtout dans les froides nuits du bivac.

Le dolman et la tunique sont des vêtements de garnison, qui ne présentent pour nous aucun intérêt.

Les couleurs des uniformes doivent être les mêmes pour toute l'armée sans exception, afin d'éviter les méprises dans les combats.

Le costume sert à distinguer les corps, les services et les grades. Et cependant on rencontre un grand nombre de militaires de tous grades dont on ne distingue pas exactement les corps ou les services auxquels ils appartiennent.

Il y a là une cause de désordre, qui peut entraîner des défaillances, favoriser la désertion et l'espionnage, et rendre le service si important de la prévôté extrêmement difficile.

Comme on reconnaît à première vue l'officier et le soldat de tel régiment, il faut qu'en voyant un général, un officier d'état-major, un médecin militaire, un officier d'administration, un soldat des services accessoires, un gendarme, on puisse dire qu'il appartient à tel corps d'armée, à tel service, à telle légion.

La prévôté arrête les militaires de tous grades qui sont trouvés sans autorisation hors de leur corps d'armée.

Les corps de troupe se distinguent par un numéro cousu au collet des habits. A ce numéro, il est bon d'ajouter des insignes indiquant la subdivision régimentaire à laquelle appartient chaque homme.

Des pattes mobiles, d'une couleur distincte par bataillon, portant le numéro de la compagnie, sont fixées au collet au moyen d'agrafes ou de boutons.

Il en est de même pour les subdivisions des régiments d'artillerie et de cavalerie.

Ces mesures sont nécessaires au maintien de l'ordre et de la discipline, surtout en temps de guerre, lors des appels des réserves et des nouveaux contingents.

HAVRESAC

En campagne, les dimensions du sac obligent le soldat à placer une partie de ses effets à l'extérieur. Il en résulte qu'après une journée de pluie, il ne peut s'en servir, tandis que son outil de pionnier est précieusement protégé par une forte gaine de cuir[1].

[1] Un appareil imperméable, d'un emploi facile et sûr, abritant toute la charge et ne pesant que 150 grammes, a été refusé par l'autorité militaire en 1886.

Ainsi, le soldat a des effets de rechange mouillés quand il en a besoin; et en bon état quand il peut s'en passer.

Le pain est quelquefois perdu, et difficilement remplacé.

Il convient que, d'une façon quelconque, les effets de rechange soient garantis de la pluie, ou bien supprimés : le soldat continuerait à souffrir, mais sa lourde charge serait du moins allégée.

Les voitures régimentaires porteraient quelques effets de rechange pour les cas urgents.

La charge doit le plus possible être diminuée : tout ce qui n'est pas indispensable au soldat lui est nuisible.

DISCIPLINE

EN CAMPAGNE

> Les délits militaires veulent être
> jugés promptement et sévèrement.
>
> NAPOLÉON.

En temps de paix, l'autorité militaire a des moyens pour réprimer justement les fautes, les délits et les crimes.

En campagne, elle n'a en réalité que la mort.

En marche, au cantonnement, au bivac, les punitions disciplinaires n'ont qu'un effet moral, auquel certains hommes restent insensibles ; et les peines graves, qui éloignent les condamnés du champ de bataille, sont souvent acceptées avec une joie secrète, lorsqu'elle n'est pas cynique.

L'armée a la mission d'organiser le patriotisme et de veiller constamment à le soustraire à tout ce qui pourrait l'altérer.

COMPAGNIES DISCIPLINAIRES

Des cadres choisis à l'avance forment dans chaque corps d'armée, dès l'entrée en campagne, deux compagnies disciplinaires : l'une reçoit les hommes punis de prison ; l'autre les hommes condamnés par les tribunaux militaires.

Ces hommes conservent la tenue de leur corps, mais les pattes mobiles du collet sont momentanément remplacées par des pattes d'une couleur très voyante portant le numéro du corps d'armée.

Il est juste de distinguer les hommes punis de prison d'avec les condamnés : les pattes des premiers seront écarlates, par exemple, et celles des seconds seront blanches.

Ces compagnies sont affectées aux services les plus pénibles de l'armée.

Des réductions de punitions ou de peines sont largement accordées aux soldats qui, par leur conduite, font oublier leurs méfaits ; mais les atteintes graves, portées à la discipline dans ces compagnies, sont impitoyablement réprimées par des exécutions exemplaires.

Ainsi, on éloignerait des rangs de l'armée des éléments dangereux pour la discipline; les répressions seraient, comme en temps de paix, proportionnées aux fautes, aux délits et aux crimes : on ne verrait plus le spectacle navrant de quelques malheureux fusillés pour une volaille dérobée; et les cours martiales ne frapperaient que les grands coupables.

RÉCOMPENSES

EN CAMPAGNE

Je ne sais quelle heure il pouvait être lorsqu'il apprit dans son lit qu'on s'était battu. Il se leva en grande hâte, s'habilla, ou, comme le disent ces messieurs, se fit habiller, et fut choisi pour vous porter l'heureuse nouvelle de l'affaire où il s'est distingué. Nous verrons cela dans la gazette, avec la croix et l'avancement.

P.-L. COURIER.

J'élèverai ta valeur jusqu'au nuoz ; je dirai plus de bien de toi qu'un général n'en dit d'un officier qu'il veut avancer.

LE SAGE.

> Vous avez beau dire, c'est une belle manufacture que celle-là où l'on refait avec des rubans les jambes et les bras que les canons ont emportés.
>
> Mme Émile de GIRARDIN.

En temps de paix, les grades et les décorations sont donnés au mérite, et la faveur est exceptionnelle.

En campagne, c'est le contraire. D'innombrables exemples pourraient le prouver.

Les récompenses stimulent puissamment les hommes; mais si la protection et l'intrigue l'emportent sur les services, elles ne sont plus qu'une cause de découragement et de trouble dans l'armée.

Les chefs doivent s'attacher à connaître le mérite des militaires sous leurs ordres, et ne faire récompenser que les plus dignes.

Gagnée ou non, une distinction est définitivement acquise.

Mais, après la guerre, des inspecteurs examinent les titres des militaires de tous grades les plus méritants, et font réparer les erreurs et les injustices, dont les auteurs sont rendus responsables.

Les chefs de corps autrefois auraient apporté plus d'attentien et d'impartialité, et se seraient méfiés davantage des intrigants si, en établissant leurs états de propositions, ils avaient su qu'ils engageaient leur avenir et, en quelque sorte, leur honneur.

Les récompenses ont sur l'armée une puissante influence que l'autorité supérieure ne doit pas laisser affaiblir.

MOBILISATION

Contentons-nous de nous bien défendre contre les voleurs appelés conquérants.

VOLTAIRE.

La rapidité de la mobilisation est devenue aujourd'hui l'élément le plus important au point de vue stratégique.

HORST.

La guerre aussitôt déclarée est annoncée sur tous les points du territoire par le télégraphe, et, hors du réseau télégraphique, par la gendarmerie.

La vie ordinaire est momentanément

suspendue, et les voies ferrées, comme le télégraphe, sont entièrement aux ordres de l'autorité militaire.

Les hommes astreints au service, guidés et stimulés, au besoin, par les autorités locales, se conforment strictement aux ordres contenus dans les affiches et leur livret individuel, et qui ont tous pour but de régler et d'activer la mobilisation.

Si rapide que soit sa concentration, l'armée ne peut arrêter à temps un ennemi audacieux qui, avant l'heure des combats, s'efforce d'enlever ou de détruire les ressources de son adversaire, et qui, dès qu'il éprouve une résistance sérieuse, se hâte de se retirer avec son butin.

C'est généralement la cavalerie qui prélude ainsi aux batailles.

Faut-il lui opposer des divisions de cavalerie toujours prêtes à se porter au premier ordre, sans attendre leurs réserves, vers nos frontières menacées ?

Sans aucun doute, comme par le passé, les cavaliers se heurteraient avec des chances diverses, et notre territoire ne serait qu'imparfaitement protégé.

Les fusils perfectionnés sont incontestablement plus puissants et plus sûrs que des sabres, des lances et des revolvers.

Dans chaque régiment, il est créé un bataillon provisoire, destiné à agir uniquement pendant la période qui s'étend de la déclaration de guerre à l'arrivée en ligne des corps d'armée pourvus de tous leurs moyens d'action.

Ce bataillon est formé avec des cadres prélevés sur tout le corps, de manière à ne gêner que le moins possible la mobilisation, et des hommes dont l'instruction est complète.

Les compagnies sont commandées par les adjudants-majors, et le bataillon par le lieutenant-colonel.

Les généraux ordonnent, de temps à autre, que ce bataillon soit réuni, séance tenante, sous leurs yeux, avec son matériel et ses voitures de campagne.

A la déclaration de guerre, il est dirigé sur l'emplacement que doit occuper le régiment dont il forme l'avant-garde.

Il s'y porte par les voies de fer; et ensuite, autant que possible, au moyen de voitures de réquisition, désignées dès le temps de paix, convoquées télégraphiquement et échelonnées sur les routes ordinaires par les soins du service des étapes, ou, à défaut, par un officier à cheval du bataillon.

L'artillerie, la cavalerie et les principaux services organisent et expédient de même des détachements sur les points qui leur sont indiqués.

La direction générale désigne à l'avance, pour chaque armée, des généraux accompagnés du personnel nécessaire et d'une section de télégraphistes et d'aérostiers.

Ces généraux prennent le commandement de l'avant-garde de l'armée, rectifient les positions, s'il y a lieu, et profitent du répit que l'ennemi leur laisse pour faire exécuter les travaux de campagne reconnus utiles.

Cette petite armée, éclairée au loin par les aérostats, et protégée par des obstacles naturels ou improvisés, paraît assez forte pour arrêter des masses de cavalerie.

Et même si l'ennemi, par la rapidité de sa mobilisation, obtenait l'avantage de pouvoir nous attaquer avec toutes ses forces, alors que les nôtres ne seraient pas encore complètement réunies, il est probable que notre avant-garde l'arrêtait en attendant l'arrivée en ligne du gros de l'armée.

Les états-majors, les troupes et les services reprennent leur place habituelle à l'arrivée des corps qui les avaient provisoirement détachés.

CAVALERIE

> Le preux Bayard est frappé d'une balle, et il se trouve que la poudre à canon a tué le cheval et la féodalité du même coup.
>
> TOUSSENEL.

> L'expérience tient une école où les leçons coûtent cher.
>
> FRANKLIN.

Aussitôt la déclaration de guerre, par un système où participent le télégraphe, les voies de fer et les voitures de réquisition, une partie de l'armée active vole sur les lignes de défense préparées dès le temps de paix ; tandis que l'autre partie, restée en arrière avec presque tous ses cadres pour recevoir ses réserves, se concentre et rejoint ensuite l'avant-garde par les voies rapides.

Autrefois un général, malgré ses agents secrets et sa cavalerie, ne pouvait reconnaître qu'imparfaitement les forces et les dispositions de l'ennemi, même en livrant de véritables combats ; et souvent l'arrivée imprévue d'une troupe sur le champ de bataille amenait des surprises accablantes.

Un chef d'armée s'efforçait à deviner et à repousser ces soudaines attaques, et à porter lui-même sur un point des forces inattendues pour frapper tout à coup son ennemi.

Les communications entre les armées

et les subdivisions d'une même armée étaient lentes, difficiles, mal assurées.

Aussi le hasard jouait-il un rôle considérable dans le terrible jeu de la guerre.

Aujourd'hui des observatoires fixes, élevés sur des hauteurs et pourvus de puissants instruments d'optique et d'appareils électriques ; des observatoires mobiles démontables, portés sur des chariots ou sur des mulets[1], et de nombreux aérostats, munis des mêmes moyens d'investigation, surveillent jour et nuit la campagne.

Ils signalent en tout temps, mais spécialement durant la bataille, les forces,

[1] Ces observatoires mobiles ont été employés avec succès dans la guerre de Sécession ; ils étaient très rudimentaires, mais ils peuvent être perfectionnés.

les dispositions et les mouvements de l'ennemi.

Le général en chef donne en conséquence ses ordres, par le télégraphe, aux subdivisions de l'armée.

Les voies ferrées et les véhicules de réquisition, employés pour la mobilisation et les mouvementss tratégiques, sont également utilisés dans la tactique.

Pendant que les corps de troupe s'exercent au combat en terrains variés, le devoir des états-majors est de se familiariser avec le jeu des transports rapides et des signaux.

L'armée territoriale, sérieusement organisée, assure les lignes de retraite et protège les flancs de l'armée, qu'elle avertit télégraphiquement des tentatives enveloppantes de l'ennemi.

Si l'armée est forcée d'abandonner une ligne de défense, elle se replie, avec tous ses moyens d'action, autant que possible la nuit, sur une autre ligne préparée à l'avance. En se retirant, elle fait sauter ce que l'ennemi pourrait utiliser contre elle.

Ces opérations, pour ainsi dire mathématiques, exigent l'éducation, l'instruction et le sang-froid de l'armée, depuis le soldat jusqu'au général en chef.

C'est vers ce but que tendent toutes les intelligences et tous les efforts de l'armée en temps de paix.

Eh bien, que peut faire la cavalerie dans ce milieu ?

Elle fut, comme on dit, les antennes, l'œil, l'ouïe de l'armée ; par sa célérité, ses apparitions imprévues, ses attaques soudaines, sous le commandement des Kellermann, des Lasalle, des Montbrun, elle nous valut bien des triomphes.

Elle était entre les mains du chef un puissant élément de succès ou de salut, et pouvait seule cueillir les fruits de la victoire : les drapeaux, les prisonniers et les canons.

Mais maintenant quels renseignements ajouterait-elle au service des signaux ? D'ailleurs, un petit nombre de cavaliers suffisent pour les reconnaissances, car pour bien voir il ne faut se montrer que le moins possible.

Il est à remarquer que, hormis les jours de pluie où les anciens fusils rataient cinq fois sur six, l'infanterie, même déployée, repoussa souvent des masses de cavalerie.

Les attaques héroïques de la cavalerie, dans la dernière guerre, se sont constamment brisées contre les positions occupées par l'infanterie, ce qui a fait dire qu'elle ne peut plus agir sur les champs de bataille comme à l'époque de la guerre de Sept ans et sous le premier Empire.

Et le fusil à aiguille, qui paralysait tant de bravoure, est remplacé par une arme dont la puissance est incalculable !

Dans ces conditions, quel est donc le rôle de la cavalerie ?

Est-elle destinée à protéger le territoire contre les ravages de la cavalerie ennemie ?

A retarder la poursuite après une défaite, pour donner le temps à l'infanterie de se rallier ?

A repousser des masses de cavalerie

sur les champs de bataille, quand la con-
figuration du terrain et la culture leur permettent de charger, ce qui est rare ?

Mais, dans ces rencontres, dans ces
combats, notre cavalerie subirait des
pertes et n'atteindrait pas toujours le but ;
tandis que l'infanterie, au contraire, avec
ses armes perfectionnées, arrêterait sûrement, presque sans danger, la cavalerie la
plus brave.

Est-ce que des cavaliers, infanterie
montée, pourraient se transporter rapidement sur un point important, et s'y
établir en attendant des renforts, car,
ainsi que le disait Napoléon, les moments
sont tout ?

Mais les futurs champs de bataille sont
connus, et les positions principales préparées et surveillées ; les moyens de trans-

ports stratégiques et tactiques sont plus rapidement utilisés par l'infanterie que par la cavalerie ; et des cavaliers, mettant pied à terre et immobilisant un quart de leur effectif pour la garde des chevaux, ne rendraient, ce semble, que rarement des services appréciables.

La France, au lieu de réduire sa cavalerie, l'augmente pour résister à celle de l'Allemagne.

Elle a trois millions d'hommes armés de fusils à tir rapide, et elle préfère lui opposer des sabres, des lances et des revolvers !

Ces combats ne sont plus de notre temps.

Aujourd'hui, c'est par l'organisation et

le nombre qu'une nation triomphe, se
taille des frontières à son gré et se retire
en emportant une énorme rançon.

Bayard craignait les arquebuses à croc,
car il pouvait être tué, disait-il, par un
lâche embusqué à cinquante pas !

En effet, la poudre fit disparaître la
chevalerie.

Le télégraphe, la vapeur, les aérostats
et surtout le nouvel armement restrei-
gnent de plus en plus l'emploi de la cavalerie.

Comment croire que les cavaliers d'aujourd'hui pourront affronter dans les batailles le fusil à répétition, si l'on songe
que les preux d'autrefois n'ont pu résister au mousquet primitif !

Mais les fanatiques du cheval ne veulent pas voir que la cavalerie est un embarras depuis le premier jour de la mobilisation jusqu'à la fin de la campagne ; qu'elle coûte cher ; qu'elle éclaire bien imparfaitement l'armée ; qu'elle trouve rarement une occasion et un terrain propices sur les champs de bataille ; qu'elle est constamment visée par une infanterie redoutable, et que le plus souvent, malgré son héroïsme, elle n'est qu'une non-valeur.

Quelles que soient les opinions qui nous divisent et les leçons que l'avenir nous garde, il est prudent d'exercer la cavalerie à former, pour agir au moment voulu, des bataillons temporaires d'infanterie de réserve outillés en conséquence.

Car il est inadmissible que tant de braves gens soient réduits à l'inaction le jour des batailles décisives, alors que les dernières troupes fraîches peuvent décider de la victoire.

ÉCOLE PRATIQUE

DE GUERRE

> Le système des examens et des concours n'a été appliqué en grand qu'en Chine. Il a produit une sénilité incurable. Nous avons été nous mêmes assez loin dans ce sens, et ce n'est pas là une des moindres causes de notre abaissement.
>
> E. RENAN.

> Qu'est-ce que la guerre ? Un métier barbare, où tout l'art consiste à être le plus fort sur un point donné.
>
> NAPOLÉON.

> Attachez-vous surtout à découvrir le mérite modeste parmi les commandants de bataillon, ou même parmi les officiers d'un grade inférieur.
>
> ... La libre circulation de la pensée doit rendre deux services à la fois : faire connaître les meilleures choses et les meilleurs hommes.
>
> L. CARNOT.

Les guerres, pour lesquelles l'Europe entière prépare toutes ses forces, présentent de redoutables problèmes.

La France, comme les autres nations, supporte cette situation ruineuse.

Prête à tous les dévouements, elle se confie à des hommes qu'elle charge d'organiser, d'instruire et de diriger ses armées sur les champs de bataille.

Et vingt fois depuis vingt ans, l'autorité suprême de l'armée a changé de mains !

Mandataires du pays, c'est vous qui devez vous opposer à ces changements si préjudiciables à la défense nationale, et c'est vous, avec votre politique aveugle, c'est vous qui les provoquez !

Les lois et les règlements donnent les moyens de concentrer en quelques jours, ravitailler et conduire au combat des troupes innombrables.

Mais comment assurer l'exécution de ces lois et de ces règlements? comment les éprouver et les perfectionner? Comment restreindre de plus en plus la part du hasard dans les batailles?

Le classement et les brevets, les grades et les hautes positions obtenus par les études, les services et les talents, n'offrent une garantie réelle qu'à la condition de contrôler fréquemment la valeur des officiers dans des exercices pratiques de guerre.

Les examens et les concours n'amènent pas toujours en réalité les résultats attendus.

Les hautes études, dont les applications sont plus rares qu'on ne le croit, peuvent faire négliger des devoirs importants.

Le surmenage intellectuel conduit parfois à une maison de santé, et, chemin faisant, cause de graves désordres.

Les distractions légendaires des savants sont à craindre surtout en campagne.

Enfin, le temps et les maux qu'il traîne à sa suite peuvent altérer les facultés d'un officier.

Dans l'armée, il n'y a pas de détails négligeables. L'oubli des clous à glace en 1812 hâta, dit-on, la perte de l'artillerie et précipita la retraite. Et si les plus petites choses ont leur importance, le commandement à tous les degrés de la hiérarchie constitue l'âme même des troupes, et doit être l'objet des préoccupations des organisateurs et de la constante sollicitude de la direction suprême.

Les officiers de troupe, soumis comme les soldats à des exercices journaliers et à des inspections fréquentes, sont bien préparés à la guerre.

Mais les généraux et les états-majors reçoivent-ils une instruction pratique suffisante dans les manœuvres de brigade, de division et de corps d'armée ?

Il faudrait, si c'était possible, créer un

système d'instruction sur le terrain qui permît d'apprécier, de diriger, d'encourager, de surveiller l'officier pendant toute sa carrière.

MANŒUVRES D'ARMÉE

> Rien de si simple à concevoir que la théorie, mais la pratique n'est pas sans difficultés.
>
> MARMONT.

Chaque année, plusieurs corps d'armée réunis, avec leurs services accessoires de guerre, sont appelés à prendre part à des manœuvres d'armée.

Tous les généraux et les officiers de tous

grades des corps d'armée non engagés, ayant donné des preuves d'un réel mérite, sont invités à suivre les opérations.

Ils sont groupés par corps d'armée pour l'ordre et l'administration. Un officier, des sous-officiers et des ordonnances à cheval assurent tout ce qui leur est matériellement nécessaire.

La direction générale indique à l'avance aux officiers convoqués les états-majors, les corps de troupe et les services qu'ils doivent suivre; mais il leur est laissé quelques jours libres dont ils disposent d'après leurs aptitudes spéciales.

Ils se rendent chaque jour individuellement à leur poste.

Chaque officier est pourvu des cartes du pays où ont lieu les manœuvres. Ces cartes sont divisées en un grand nombre de carrés, portant chacun un numéro, au moyen de lignes et de chiffres d'une couleur voyante.

Il consigne, jour par jour et heure par heure, les remarques qu'il fait dans tel corps ou fraction de corps, dans tel service, et sur tel point qu'il précise par le numéro des divisions de la carte.

Pour que ce travail puisse être utilisé, il est indispensable qu'il soit formulé en termes clairs et concis, et qu'il indique bien les fractions de l'armée, le lieu, le jour et l'heure où les remarques ont été faites.

Aussitôt la clôture des manœuvres, chaque officier établit, d'après les notes de son carnet, sur un modèle donné, trois rapports en double.

Le premier comprend le travail qui lui a été prescrit ;

Le deuxième, les études qu'il a choisies lui-même ;

Et le troisième, les observations qu'il a faites sur ce qui ne touche pas directement les opérations de guerre, comme l'habillement, l'équipement, la chaussure, le matériel, etc.

Ces rapports anonymes, accompagnés d'un bordereau indiquant le nom, le grade, le corps ou le service de l'officier, sont adressés sous pli cacheté à la direction générale, qui tient le contrôle des officiers convoqués pour les manœuvres.

La date de la réception de ce travail est mentionnée sur ce contrôle, portant un numéro d'ordre en regard de chaque nom. Ce numéro est inscrit sur les trois rapports, qui sont immédiatement transmis au Conseil supérieur de guerre.

Celui-ci reçoit également les rapports des commandants des troupes qui ont pris part aux manœuvres.

Au moyen de ces divers documents, le Conseil supérieur de guerre procède à l'examen des manœuvres et en dégage les enseignements pratiques.

1° Il constate les fautes commises et les signale aux officiers généraux, qui donnent ensuite des instructions pour en prévenir le retour.

2° Il ne s'occupe pas de la grande majorité des officiers qui ont simplement accompli leurs devoirs ; mais il annote ceux qui se sont fait remarquer par leurs talents ou par leur incapacité.

3° Il consigne, par des notes brèves,

son appréciation du travail individuel des officiers, sur les rapports en double qu'ils ont envoyés : les uns sont conservés à l'appui de l'étude des manœuvres, et les autres sont retournés à la direction générale qui les classe aux dossiers des officiers.

Les notes données ainsi, sur un travail anonyme, font ressortir les capacités pratiques des officiers qui, sûrs de voir leurs efforts appréciés, s'appliquent à se rendre dignes des grades auxquels ils aspirent.

Mais si, pour une cause quelconque, ils déméritaient, le système proposé les montrerait tels qu'ils seraient devenus : dans ce cas, l'intérêt général exige que leurs fontions leur soient retirées.

Des ménagements, des égards, des ré-

compenses leur sont dus pour leurs services; mais aucune considération n'auto-
rise à leur laisser des emplois s'ils n'en
remplissent pas rigoureusement les devoirs.

Ils serait imprudent de se fier aveu-
glément aux études spéciales et aux brevets d'un officier, sans en contrôler fréquemment, on ne saurait trop le redire,
les effets dans la pratique du service; et
cela, à tous les degrés de la hiérarchie.

Chacun, dans l'immense machine destinée à actionner toutes les forces de la
nation, se prépare en temps de paix à son
rôle de guerre, surtout les chefs qui pré-
tendent aux grands commandements, et
dont les fautes dans les combats peuvent

entraîner des troubles et des pertes irréparables.

Tous les généraux font des fautes, les
meilleurs sont ceux qui en font le moins.

Le talent et l'autorité du chef gagnent
à un examen qui a pour but de lui per-
mettre de voir et de rectifier ses erreurs.

Mais aussitôt la déclaration de guerre,
toute critique, toute hésitation cesse.

Le généralissime donne, d'après les plans
de campagne étudiés à loisir, des instructions aux chefs d'armée. Ceux-ci les trans-
mettent, avec les modifications qu'elles
comportent, à leurs commandants de
corps d'armée, qui s'en inspirent pour
diriger hiérarchiquement les généraux
sous leurs ordres; et les troupes, bien
encadrées et exercées, n'ont qu'à obéir.

Les généraux savent que, dans les batailles, ils ont une lourde responsabilité, et qu'ils ne peuvent pas mener leurs troupes comme dans les champs de manœuvres.

Ils comprendront que l'école pratique de guerre, faite pour leur faciliter l'accomplissement de leur tâche, intéresse leur patriotisme et leur gloire.

RÉSUMÉ

Ils ont fait les lois pour leur avantage, et les ont maintenues par la force. D'un côté, le pouvoir, la richesse, les jouissances ; de l'autre, toutes les charges de la société.

LAMENNAIS.

... Sacrifice de sang, sacrifice d'argent : l'un douloureux, l'autre illégitime ; celui ajouté au premier comme pour frapper d'un nouveau coup la mère éplorée dont les entrailles se déchirent...

GANDILLOT.

Cependant, mon père, vous souffrez. Que de labeurs, que de fatigues, afin de pourvoir à nos besoins !

LAMENNAIS.

Deux crimes sur lesquels je suis sans pitié : faire le mal à qui ne peut se défendre, et voler qui a besoin.

CH. NODIER.

Si la majorité des citoyens votait la spoliation d'un seul, elle ne commettrait qu'un brigandage solennel.

Il est aussi monstrueux de dépouiller un homme de ses épargnes que de le réduire en esclavage.

ED. ABOUT.

Il n'y a point de droit contre le droit.

BOSSUET.

Convenons entre nous que la légalité serait pour les friponneries sociales une belle chose, si Dieu n'existait pas.

BALZAC.

Le désordre des malheureux est toujours le crime des riches.

VAUVENARGUES.

Ce qui m'a donné le plus de mal, disait le colonel X***, sous le premier Empire, ce n'est ni la construction de mon caisson, ni la suspension, ni l'attelage ; le difficile a été de le faire comprendre au général Y***, qui, d'ailleurs, a bien voulu lui donner son nom.

ED. ABOUT.

Il y a en France autant de gens de cœur et de gens d'esprit que dans un autre pays, mais tout cela n'est pas mis en valeur.

E. RENAN.

Les nations grandissent en proportion de leurs législateurs.

AIMÉ MARTIN.

> Il faut s'y prendre à cent fois
> pour obtenir la réforme la plus lé-
> gitime.
>
> ED. ABOUT.

> Nous parlerons contre les lois in-
> sensées jusqu'à ce qu'on les ré-
> forme, et en attendant nous nous
> y soumettons aveuglément.
>
> DIDEROT.

Cette étude, croyons-nous, démontre que la loi sur les réquisitions devrait être appliquée au personnel; et que le père de famille à qui l'armée a pris son fils, « sa *caisse d'épargne* », le soutien de sa vieillesse, a droit à une indemnité, comme le propriétaire du champ que les soldats ont piétiné pendant les manœuvres.

Il en résulterait une augmentation d'impôt; mais il est à remarquer que cette augmentation ne serait pas stérile comme les autres dépenses de guerre : elle viendrait en aide aux pauvres gens, qui ne seraient plus spoliés au profit de l'aisance, du bien-être et du luxe des riches!

Si ceux qui bénéficient de la loi et ceux qui en souffrent étaient d'accord pour la maintenir, le législateur devrait la modifier quand même dans l'intérêt social.

Car cette loi inique multiplie les souffrances, engendre la misère, cette conseillère du mal, et trouble profondément la famille, la société et le moral de l'armée.

Sous ce dernier rapport, il est juste de ne pas en exagérer l'influence : si des hommes, en songeant que leur mort jetterait dans l'indigence ceux qu'ils aiment, avaient quelques défaillances, ils seraient aussitôt, pour l'exemple, passés par les armes.

Le Parlement, qui n'a jamais refusé les sacrifices nécessaires à la défense nationale, certain d'être approuvé par l'opinion publique, devra donc répartir équitablement toutes les charges de l'armée, et porter ensuite son attention sur les détails de notre outillage militaire.

Il ne s'agit pas d'abattre et de reconstruire l'édifice, mais simplement de le consolider : les réformes proposées en voie d'exécution ne compromettraient en rien la défense du pays.

Au contraire, l'armée deviendrait de jour en jour plus imposante et plus forte :

Elle aurait un accroissement d'effectif considérable ;

Une direction plus stable et plus sûre ;

Un recrutement d'officiers répondant à tous les besoins de la guerre ;

Une instruction et une tenue mieux appropriées au service en campagne ;

Des moyens de répression plus efficaces et plus humains ;

Et une école pratique de guerre permettant de découvrir, de développer, de stimuler, d'employer et de surveiller les aptitudes des officiers à tous les degrés de la hiérarchie.

Enfin, n'oublions jamais que, des négligences dans l'organisation militaire pouvant paralyser nos forces, les milliards dépensés et des torrents de sang répandu n'empêcheraient pas une nouvelle invasion de la France, qui, humiliée, asservie, mutilée, serait réduite à subir les implacables exigences des vainqueurs.

Il faut donc que nos mandataires s'in-
struisent, et qu'ils veillent sans relâche
au salut de la patrie.

FIN

TABLE

Saint-Denis. — Imp. Bouillant, 20, rue de Paris.

SOUVENIRS
illustrés par l'auteur

ENFANCE — VOYAGES — GUERRES
Par Vassili VERESCHAGIN

2e édition. — 1 volume in-18, broché 3 fr. 50

L'éditeur Savine continue la série de ses publications russes par les *Souvenirs* du peintre Vassili Vereschagin. L'auteur, qui a plus souvent tenu le pinceau et le fusil que la plume, s'excuse presque de ne donner au public que des croquis et des études. — Cela rentre dans l'esprit de l'art, et il veut laisser le lecteur compléter par les souvenirs de sa récente exposition les impressions qu'il a fixées.

Ce livre sera lu par tous ceux qui aiment l'observation sincère et la simplicité du rendu. L'attention sera surtout attirée par les chapitres sur Tourguéneff, objet de polémiques récentes, sur la guerre russo-turque et sur Skobeleff.

Ces esquisses de mœurs militaires plairont. La manière d'être intime de l'armée russe y est largement étudiée, et le caractère slave du général Skobeleff se rapproche trop de celui de certaines personnalités en vue en ce moment pour que le livre n'excite pas une curiosité méritée.

(Pays.)

Le peintre russe Vassili Vereschagin dont les œuvres étaient récemment exposées à Paris, a recueilli ses *Souvenirs* que publie la librairie Savine. Ils seront lus par tous les amis de l'observation sincère et de la simplicité des moyens. Nombre de pages sur Tourguéneff, sur la guerre russo-turque, sur Skobeleff, attirent et retiennent l'attention. Ce sont, pour la plupart, des esquisses de mœurs militaires, des études sur la manière d'être intime de l'armée russe, sur le caractère slave de l'infortuné Skobeleff, toutes choses des plus actuelles et qui, dans les circonstances présentes, sont assurées du succès.

(Soleil.)

Le peintre Vassili Vereschagin ne se contente pas de susciter l'attention des artistes: il veut se faire en France une réputation de conteur. Il publie des relations de voyage, des *souvenirs*, illustrés par son crayon qui paraissent mériter plus que l'attention. La franchise, la simplicité du narrateur plaisent tout d'abord: ses observations sur les mœurs militaires de la Russie, les chapitres sur Tourguéneff, sur Skobeleff, sont des plus instructifs.

Les illustrations dues à l'auteur serviront à populariser les faits racontés et aideront au succès du livre.

(Le Rappel.)

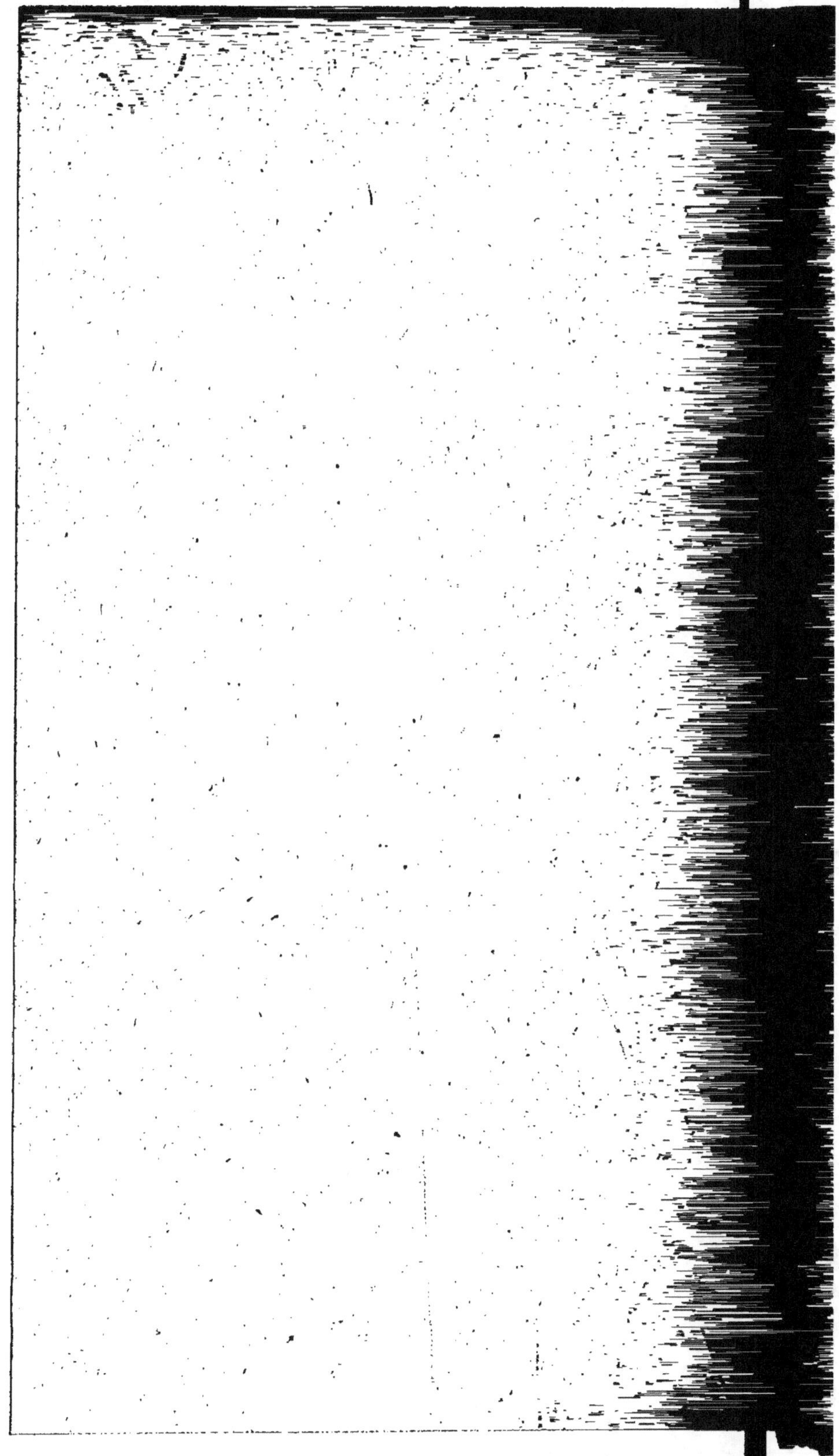

MÊME LIBRAIRIE

Envoi **franco** contre mandat ou timbres - poste

***
L'Armée française et son Budget
en 1890, 2ᵉ édition.........fr. 3 50
J. BARBEY D'AUREVILLY
Polémiques d'hier, 2ᵉ édition..... 3 50
Les 40 médaillons de l'Académie. 2 »
LOUIS BARRON
Sous le Drapeau rouge, 2ᵉ édition. 3 50
PIERRE BERTRAND
Toute la Vie, 2ᵉ édition........... 3 50
LÉON BLOY
Le Désespéré................... 3 50
Un Brelan d'excommuniés, 2ᵉ édit. 2 »
GEORGE BONNAMOUR
Fanny Bora, 2ᵉ édition.......... 3 50
FRANÇOIS BOURNAND
Le Clergé sous la 3ᵉ République. 3 50
THÉODORE CAHU (THÉO-CRITT)
L'Europe en armes en 1889, 2ᵉ éd. 3 50
AUGUSTE CALLET
Les Origines de la 3ᵉ République. 3 50
COMMANDANT
La prise de Cherbourg, 2ᵉ édition. 3 50
PIERRE DE CORVIN (NEVSKY)
Le Théâtre en Russie, 3ᵉ édition.. 3 50
GEORGES DARIEN
Bas les Cœurs! 1870-1871, 2ᵉ édit. 3 50
Biribi, discipline militaire, 5ᵉ édit.. 3 50
LÉON DELMOS
Les 2 Rivales (Angleterre et France). 3 50
PHILIPPE DESPLAS
Le Tremplin, 2ᵉ édition........... 3 50
HENRI DESPORTES
Le Mystère du sang chez les Juifs
de tous les temps, 3ᵉ édition.... 3 50
ABEL D'ORS
La Femme aux nymphéas, 2ᵉ édit. 3 50
PAULINE DROUARD
En Pays envahi, 2ᵉ édition........ 3 50
ARMAND DUBARRY
Service des Mœurs, 2ᵉ édition..... 3 50
LÉON DUVAUCHEL
Le Tourbier, 2ᵉ édition.......... 3 50
FIDUS (Journal de)
I. Paris assiégé, 1870, 2ᵉ édition... 3 50
II. Capitulation, Commune 1871 (2ᵉ) 3 50
III. L'Essai loyal (1871-75) 2ᵉ édit. 3 50
FOUCAULT DE MONDION
La vérité sur le Tonkin, 2ᵉ édition. 2 »
Quand j'étais Mandarin, 2ᵉ édition 3 50
A. HAMON et GEORGES BACHOT
L'Agonie d'une Société, 2ᵉ édition. 3 50
VAN HUFFEL
Guerre aux frais de justice, 2ᵉ éd. 3 50
KIMON
La politique israélite, 2ᵉ édition... 3 50
G. LAFARGUE-DECAZES
ISRAEL.—S. E. le Citoyen Vénal, 2ᵉ éd. 3 50
PASCAL LAUROY
Metz et le joug prussien, 2ᵉ édition 3 50
JACQUES LE LORRAIN
Le Rousset, 2ᵉ édition.......... 3 50
AUGUSTE LEPAGE
Une déclassée, 2ᵉ édition......... 3 50

JEAN LOMBARD
L'Agonie (Rome IIIᵉ siècle), 2ᵉ édition 3 50
Byzance (VIIIᵉ siècle), 2ᵉ édition... 3 50
MARCEL LUGUET
Élève-Martyr, 2ᵉ édition 3 50
En guise d'amant, 2ᵉ édit........ 3 50
CHRISTOPHE MARLOWE
Théâtre, 2ᵉ édition, 2 vol.......... 7 »
Couronné par l'Académie française
DOCTEUR MARTINEZ
Le Juif, voilà l'ennemi! 2ᵉ édition. 3 50
J.-H. MENOS
Lettres de Benjamin Constant, 2ᵉ éd. 5 »
ERNEST MERSON
Confessions d'un Journaliste, 2ᵉ éd. 3 50
GASTON MERY
L'École où l'on s'amuse, 2ᵉ édition 3 50
OSCAR MÉTÉNIER
La Croix, autour de la caserne. 3 50
PAUL MOUGEOLLE
Le règne des vieux, 2ᵉ édition.... 3 50
FÉLIX NARJOUX
Francesco Crispi, 2ᵉ édition...... 3 50
L. NEMOURS GODRÉ
Les Cyniques, 2ᵉ édition..... .... 3 50
O'Connell, 2ᵉ édition............ 3 50
J. PÈNE-SIEFERT
Flottes Rivales, 2ᵉ édition........ 3 50
Marine en danger, 3ᵉ édition. ... 3 50
A.-F. PISEMSKY
Théâtre, 2ᵉ édition............. 3 50
HONORÉ PONTOIS
Les odeurs de Tunis, 5ᵉ édition... 3 50
GEORGES PRICE
Péché de Jeunesse, 2ᵉ édition..... 3 50
THOMAS DE QUINCEY
Confessions d'un Mangeur d'opium. 3 50
FÉLIX RABBE
Les maîtresses authentiques de
Lord Byron, 2ᵉ édition. 3 50
Shelley, sa vie et ses œuvres, 2ᵉ édit. 4 »
ADRIEN REMACLE
L'Absente, 2ᵉ édition............ 3 50
AUGUSTE ROHLING
Le Juif selon le Talmud, 2ᵉ édition 3 50
J.-H ROSNY
Le Termite, 4ᵉ édition.......... 3 50
ELZÉAR ROUGIER
Naufrage d'Amour, 2ᵉ édition..... 3 50
ALBERT SAVINE
Mes Procès, 2ᵉ édition.......... 3 50
VLADIMIR SOLOVIEV
La Russie & l'Église universelle. 3 50
LÉO TAXIL
La Ménagerie politique, illust., 3ᵉ éd. 3 50
LÉO TAXIL et PAUL VERDUN
Les Assassinats Maçonniques, 4ᵉ éd. 3 50
SIR RICHARD TEMPLE
L'Inde britannique, 2ᵉ édition .... 5 »
***
La Triple alliance de demain, 2ᵉ éd. 3 50

Paris. — Imp. de G. BALITOUT et Cᵉ, 7 rue Baillit.

www.ingramcontent.com/pod-product-compliance
Lightning Source LLC
LaVergne TN
LVHW021446170726
843501LV00005B/1523